APPEL A LA RAISON

PAR

Georges ENAULT

Pour que les Français qui se sont élevés jusqu'aux cimes les plus sublimes de la noblesse humaine, ne se rabaissent pas à des discordes intestines ni à des luttes stériles et déprimantes, où certains voudraient les pousser.

ALGER

IMPRIMERIE ALGÉRIENNE

—

1916

Appel a la Raison

PAR

Georges ENAULT

> *Pour que les Français qui se sont élevés jusqu'aux cimes les plus sublimes de la noblesse humaine, ne se rabaissent pas à des discordes intestines ni à des luttes stériles et déprimantes, où certains voudraient les pousser.*

ALGER

IMPRIMERIE ALGÉRIENNE

—

1916

FRANCO : l'exemplaire, 0 fr. 60 ; les dix, 4 francs, contre bon ou mandat à l'adresse de l'auteur, Alger, Avenue Dujonchay, 22.

L'ESPRIT QUI L'ANIME

POUR L'INDIVIDU

Tout homme honnête et conscient doit :

Rechercher la vérité et consulter sa raison pour diriger sa conduite ;

Se soumettre scrupuleusement aux lois sociales établies et observer les lois morales généralement admises ;

BASER SES ACTES, NON SUR L'INTÉRÊT, MAIS TOUJOURS SUR LA LOGIQUE ET L'ÉQUITÉ.

POUR LA SOCIÉTÉ

Le rôle de la Société est d'organiser la vie sociale, de manière que tous les individus puissent jouir de leurs droits naturels ; de venir en aide à ceux qui en ont besoin ; mais aussi de permettre à l'être humain de prendre une plus grande conscience de lui-même et d'atteindre la plénitude de ses facultés.

AVANT-PROPOS

Nous cherchons une doctrine basée sur la raison, la justice et la vérité, un enseignement qui éclaire l'homme sur sa véritable nature, une morale qui l'aide à se préserver de ses maux et de ses misères.

La vie, telle que la nature nous l'a créée, ne devrait être qu'un long cri d'amour et de joie.

L'homme, avec ses passions, pervertit cette vie et la rend souvent plus misérable que celle des animaux.

C'est une honte pour l'humanité que l'homme n'ait pas encore appris à se servir des admirables facultés qui sont en lui, pour se créer une vie digne de ces facultés. Au lieu de se laisser guider par sa raison, il se laisse conduire par ses passions.

Malgré les prodigieuses découvertes de la science, l'homme n'a fait aucun progrès moral. Il a amélioré son bien-être matériel, mais il vit toujours avec les mêmes passions et retombe toujours dans les mêmes erreurs. Ses misères changent, mais ne disparaissent pas. Il rejette la cause de ses maux sur autrui, sur les institutions et sur les éléments, alors qu'il ne devrait en voir la source qu'en lui-même. Est-ce à dire que la société n'est pas coupable ? Oh ! si. Mais ce sont les individus qui forment la société ; et si elle n'est pas meilleure, la faute leur en incombe.

Comment combattre tous les maux qui accablent l'humanité ? Comment soulager l'homme de ses misères ? Il faut d'abord chercher la source de ces maux et de ces misères. La cause du mal étant connue, il est facile d'en trouver le remède. Pour découvrir la cause de tous nos maux, pour en trouver tous les remèdes, il faudrait étudier toutes les manifestations de la vie, chez l'individu et dans la société. Travail colossal et bien au-dessus de nos facultés. Néanmoins, puisque personne ne le fait, nous nous sentons le courage de l'entreprendre. N'ayant pas d'instruction, nous sommes mal outillé pour le faire bien. Nous comptons sur notre bonne volonté pour atténuer notre impuissance ; et nous espérons que notre appel sera entendu, et que d'autres bonnes volontés viendront compléter ce que nous aurons modestement, mais consciencieusement, commencé.

NOTRE CREDO

Nous croyons que chacun est tenu, moralement, à remplir ses devoirs envers lui-même, envers sa famille, envers sa patrie et envers l'humanité.

Nous croyons que l'intérêt de la famille doit primer l'intérêt de l'individu, que l'intérêt de la nation doit primer l'intérêt de la famille et que l'intérêt de l'humanité doit les primer tous.

La famille, c'est le foyer d'affection qui réchauffe le cœur de chacun de ses membres ; la patrie, c'est l'agrandissement de la famille, mais elle ne peut être que partie du genre humain ; le Tout de l'homme, c'est l'humanité.

Nous croyons que chacun doit se conduire d'après la raison, baser ses actes sur l'équité, et s'élever vers sa perfection.

Pour qu'il en soit ainsi, il est nécessaire qu'il y ait une théorie générale de l'existence, et cette théorie n'existe pas. [PENSÉE.]

Tous les enseignements, tant laïques que religieux, contiennent des vérités utiles, mais tous sont incomplets.

Ils devraient se rapprocher pour se compléter, pour rechercher et enseigner plus de vérités ; ils s'éloignent, au contraire, pour se détruire. Car ils ne font que de se détruire, en s'attaquant et en se critiquant mutuelle-

---

PENSÉE. — Les déchets de la société, qui en entravent la marche normale, ne sont pas tous nés mauvais. Si avant d'être entraînés vers le mal, la plupart avaient su et pu trouver leur voie vers le bien, ils auraient mis autant de zèle à faire bien, qu'ils en mettent à faire mal.

ment pour se disputer la prépondérance morale. [PEN-SÉE.]

Ceux qui enseignent ces différentes doctrines peu-vent avoir intérêt à rester séparés, mais ceux qui s'en servent pou y chercher les règles directrices de leur existence ont, au contraire, intérêt à les rapprocher toutes, pour puiser dans l'ensemble ce qui s'y trouve de meilleur.

Toutes les personnes que nous avons consultées, sur la valeur de cette idée, croient à l'utilité d'une théorie générale de l'existence, d'une doctrine qui enseigne la vie humaine ; ce qu'elle est et ce qu'elle doit être, dans tout ce qu'elle peut être connue.

Comment se fait-il donc que cette doctrine n'ait pas encore été créée ? Beaucoup auraient pu le faire mieux que nous ; actuellement, beaucoup en sont plus capables ! qui les retient ? Est-ce la peur du ridicule ? Est-ce parce que l'esprit qui élève la grandeur morale est celui que pardonnent le moins les sots et les mé-chants ? Est-ce parce qu'ils craignent les représailles des profiteurs de l'irraison ? Ce ne sont pas des raisons suffisantes pour nous arrêter.

Nous sèmerons des idées. Puissent les maîtres de la pensée, les polir et les compléter. Mais, telles quelles, elles peuvent déjà engendrer beaucoup de raison ; la raison n'a jamais été aussi nécessaire qu'en ce moment. Cela suffit à nous faire considérer comme un devoir de les exposer.

Toutefois, chacun doit être bien convaincu que nul

PENSÉE. — Il est plus utile de créer bien, que de détruire. Les choses bien créées font disparaître, naturellement, celles qui le sont mal.

Si, au lieu de s'employer à se détruire, les enseignements s'élevaient vers leur perfection, ils se rapprocheraient naturelle-ment, et finiraient même par se rejoindre s'ils pouvaient attein-dre cet état de perfection.

n'est certain d'avoir toujours raison ; pas plus nous que les autres, ni les autres que nous. Mais, que dans la raison des autres ajoutée à la nôtre, il y a plus de raison que dans chacune d'elles prises en particulier ; et qu'il faut toujours se servir de la plus grande raison pour édifier ce qui manque, se servir de ce qui existe, et perfectionner ce qui en est susceptible.

Enfin, il faut bien comprendre que nous ne cherchons pas à imposer des idées, mais à en répandre, pour provoquer celles de chacun.

Que nous invitons plutôt les autres à se conduire d'après leur raison à eux, que d'après notre raison à nous. « Ceci nous paraît bien, mais faites mieux toutes les fois que cela vous sera possible ». Tel est le cri de notre conscience.

CONDITIONS GÉNÉRALES
DE L'EXISTENCE

Pour être heureux, pour se bien conduire, il faut d'abord vivre. Nous allons donc commencer par étudier les conditions générales de l'existence.

C'est Pascal qui a le mieux défini la nature humaine, en général, et l'Être humain, en particulier. « L'homme tient du Dieu et de la bête. »

L'homme vit comme les animaux ; il en a tous les besoins, il en éprouve toutes les passions [1].

Par l'esprit, il tient du Dieu : son intelligence lui permet de négliger son instinct et de se conduire suivant sa raison.

Fort par l'intelligence, l'homme est privé de la puissance de créer. Il peut commander aux animaux, mais il ne peut commander aux éléments. Il n'utilise et ne conduit les forces de la nature qu'en se [soumettant à ses lois.

L'homme a deux vies à diriger. La vie matérielle ou animale, et la vie intellectuelle ou divine.

La vie matérielle est la plus facile à diriger.

L'enfant naît sans force et sans expérience. C'est à peine s'il lui reste un peu d'instinct atavique. Pendant les premiers jours, il vit moins par lui-même que par sa mère et par la nature ; pendant tout son jeune âge, il lui faut encore des soins incessants et attentifs pour lui conserver l'existence. En prenant de l'âge, il prend

[1] Nous ne connaissons pas le mot qui remplace la chose chez les animaux.

de la force et devient plus résistant. La mère trouve en elle-même, dans sa nature et dans son intelligence, la plupart des ressources qui lui sont nécessaires.

Les soins à donner aux enfants ont été étudiés et l'enseignement en est assez répandu pour que chacun puisse savoir les donner convenablement. On enseigne même les exercices que le corps doit effectuer pour se développer normalement.

Lorsque le corps a acquis son développement normal, il devient une machine si merveilleusement organisée, qu'il suffit de lui donner les aliments nécessaires pour sa formation et son entretien, l'exercice qui lui permet l'assimilation de ces aliments, pour qu'il fonctionne d'une façon parfaite, et même qu'il répare les quelques légères erreurs qu'on lui fait commettre. [PENSÉE 1.]

En variant ses aliments, en travaillant pour se les procurer, l'être humain donne à son corps tout ce qui lui est nécessaire. [PENSÉE 2.]

Donc, on peut admettre que l'éducation physique, matérielle, a été convenablement étudiée, qu'elle est suffisamment connue pour que celui qui n'a pas acquis une bonne santé, ou qui ne l'a pas conservée, ne doive

---

PENSÉE 1. — Si le corps a ingéré une trop grande quantité d'aliments, il met l'excédent en réserve sous forme de graisse, s'il n'en a pas ingéré une quantité suffisante, il vit sur sa réserve ou sur lui-même.

L'excès d'aliments et le manque d'exercice occasionnent des déchets qui empoisonnent, font souffrir et tuent. Le manque d'aliments et l'excès d'exercice produisent l'usure ; le corps dépensant plus qu'il reçoit, vit à ses dépens, ce qui occasionne son usure ; et une trop longue usure amène la mort prématurément.

PENSÉE 2. — La nature fait toujours bien les choses ; il n'est jamais nécessaire d'inventer, il suffit toujours de copier fidèlement ce qu'elle fait.

s'en prendre qu'à lui-même ou à ceux qui en sont les auteurs directs. [PENSÉE 1.]

Il est loin d'en être de même de l'éducation morale, de l'éducation sociale et de l'éducation civique.

L'homme ayant une intelligence qui lui permet de résoudre la plupart des problèmes de son existence, a presque oublié son instinct.

L'intelligence ne sert à l'homme pour se conduire qu'en ce qu'elle lui permet d'avoir de la raison. La raison est formée par le jugement. Le jugement est obtenu par l'expérience et par l'observation. L'enfant n'a pas d'expérience, il est incapable d'observation, donc il ne peut pas avoir de raison.

Aussitôt que l'intelligence apparaît chez l'enfant, il faut l'aider d'un peu de l'expérience acquise, pour former sa raison. A mesure que son intelligence se développe, il faut progressivement lui apprendre toute l'expérience acquise, toutes les vérités découvertes ; lui faire connaître sa nature, lui faire comprendre le rôle de la société, lui enseigner ses droits et ses devoirs envers lui-même et envers la société.

On ne peut pas enseigner à l'enfant sa nature ; l'homme ne la connaît pas lui-même, et ne cherche pas à la connaître. On ne peut pas enseigner à l'enfant le rôle de la société ; ce rôle n'est pas clairement défini ; les uns le basent sur certains principes et d'autres sur des principes opposés. On ne peut pas enseigner à l'enfant ses devoirs envers lui-même, ni envers la société ; ces devoirs n'ont jamais été fixés, c'est toujours un sujet de controverses plus ou moins intéressées entre les hommes.

PENSÉE 1. — Dans l'état actuel de la civilisation, il faut faire une exception pour les malheureux qui ne peuvent pas toujours se procurer les aliments qui leur sont nécessaires, et pour les ouvriers qui sont, quelquefois, obligés de subir des intempéries pernicieuses et des efforts au-dessus de leurs forces.

Cependant, l'homme a besoin de connaître sa nature, pour se bien conduire d'après cette nature.

Tous les hommes doivent comprendre la société basée sur les mêmes principes, pour que chacun puisse y remplir son rôle ; pour que les efforts de l'un ne viennent pas nuire aux efforts d'un autre.

Les hommes ont besoin de connaître leurs droits et leurs devoirs, afin de s'appuyer sur les uns pour remplir les autres.

Il faut donc créer une doctrine qui puisse servir de guide à tous, et qui offre à chacun toutes les lumières dont il a besoin.

Tous les problèmes de l'existence peuvent être facilement résolus ; il suffit d'en appuyer le raisonnement sur la raison pour en trouver la solution.

La vérité peut être découverte autant, et aussi souvent, que cela est nécessaire à chacun pour diriger son existence. [PENSÉE 1.]

Donc, il suffit d'étudier les diverses manifestations de la vie pour trouver la doctrine à enseigner et les

PENSÉE 1. — La vérité, toute la vérité, ne peut pas être découverte ; de même que toutes les vérités ne sont pas encore accessibles à notre intelligence.

La science, en découvrant et en nous enseignant les lois de la nature, diminue en nous le domaine de l'inconnu. Il est avantageux de connaître ces lois pour nous y soumettre et pour nous en servir. Mais nous y sommes soumis et nous nous en servons avant de les connaître. Nous avons même toujours une intuition confuse de ce qui existe. Nous étions soumis aux lois de la pesanteur et de la création, et nous nous en servions longtemps avant de les connaître.

Actuellement, certains phénomènes de la nature dépassent notre entendement. Mais nous sentons de la nuit dans notre intelligence ; c'est qu'elle n'a pas atteint sa perfection. L'homme ne doit pas désespérer de comprendre un jour ce qui est actuellement au-dessus de sa compétence.

Tout être humain doit être persuadé que le progrès pour lui, c'est de prendre une plus grande conscience de lui-même et de tout ce qui l'entoure.

principes sur lesquels doit reposer cette doctrine. Pour que cette doctrine soit complète, il faut prendre l'individu à sa formation et le suivre dans son existence ; en faire autant pour la société, depuis la famille jusques, et y compris, l'humanité entière.

Nous essayerons de le faire. Nous avons, d'avance, la certitude de n'y réussir qu'imparfaitement. D'abord, parce que nous n'avons pas la science nécessaire, ensuite parce qu'il nous sera difficile de classer avec méthode les diverses actions de la vie, et enfin parce que la vérité et la raison ne se présentent pas si bien à notre intelligence, lorsqu'on les cherche pour les expliquer, que lorsque nous en avons un besoin immédiat pour nous en servir.

DE L'INDIVIDU

La personnalité humaine est formée de ce qu'elle reçoit, par atavisme et par création de ses ancêtres et de ses parents, des éléments qu'elle puise dans la nature, de l'ambiance dans laquelle elle vit et se développe et de tous les chocs moraux et physiques qu'elle reçoit. Donc, on doit, pour les autres et pour soi, éviter tout ce qui doit nuire à la formation normale de l'individu ou en diminuer la valeur.

La mère doit, autant que possible, éviter les secousses morales et physiques, ainsi que tout ce qui peut exercer une influence néfaste sur son enfant.

La mère, ou ceux qui ont la mission d'élever un enfant, doivent lui donner les soins matériels et moraux qui lui sont nécessaires, mais ceux qui lui sont nécessaires seulement. Le corps et l'âme doivent se former naturellement.

Il ne faut pas élever les enfants trop douillettement, cela engendre la mollesse ; il faut, au contraire, sans exagération et progressivement, les amener à la résistance qui leur sera nécessaire pour supporter, non seulement sans succomber, mais allègrement, toutes les vicissitudes de la vie.

L'âme demande des soins plus attentifs, plus intelligents que le corps. La nature peut guérir un corps malade, elle ne guérit pas l'âme.

Par atavisme ou par nature, l'homme porte en lui les germes du bien et du mal. L'âme de l'enfant est d'abord facile à diriger ; mais si on la laisse, ou si on la fait évoluer vers le mal, on ne la ramène que difficilement vers le bien. C'est comme si, dans un champ, on ıaisse pousser les mauvaises herbes, elles étouffent les bonnes ; et même si les mauvaises sont arrachées, mais trop tard, les bonnes ne reprennent jamais toute leur vigueur. Il faut par les conseils et par l'exemple diriger les jeunes intelligences vers le bien, leur faire aimer ce qui est bon, noble et beau, et leur faire apprécier la valeur de la justice. L'enfant élevé dans l'amour du bien aura toujours le mal en horreur.

Il faut non seulement habituer les enfants à obéir, mais leur faire aimer l'obéissance, en leur en faisant connaître l'utilité. L'autorité nécessaire est toujours supportée facilement, et même souvent désirée. Il ne faut pas en abuser. Forcer à l'obéissance, lorsque cela n'est pas nécessaire, soit pour faire acte d'autorité, soit pour contrarier, devient de la tyrannie, et révoltera toujours l'âme droite qui saura discerner.

Il faut aussi habituer les enfants à se servir de la liberté, et à prendre les responsabilités compatibles avec leur âge. Il faut d'abord les guider avec sollicitude, mais ils doivent apprendre à se diriger eux-mêmes au fur et à mesure que leur expérience le leur permet. Il faut qu'ils apprennent à se suffire à eux-mêmes, de manière que si leurs guides venaient à leur manquer, ils n'aient pas trop à souffrir de leur disparition. Il faut donner aux enfants l'autorité qui leur revient d'après leur raison, leur âge et leur situation, mais il faut la leur donner et ne pas la leur laisser prendre.

Il arrive que par suite d'une instruction plus étendue, d'une nature différente, ou pour toute autre cause, les enfants n'aient pas toujours les mêmes idées, la même manière de juger les choses que leurs parents. C'est une affaire de discernement délicate. Les parents doivent laisser une certaine initiative à la jeunesse, mais ne doivent pas leur laisser prendre une influence trop grande. Influence qui serait néfaste et pour les parents et pour les enfants. Les parents ne doivent pas se croire infaillibles, ils ne doivent pas abuser de leur autorité pour imposer leurs idées et encore moins leurs caprices. Mais c'est aux parents qui ont l'expérience, et non aux enfants, de juger si ce qu'ils font est bien ; et, même émancipés, les enfants ne doivent pas oublier que s'ils doivent moins d'obéissance à leurs parents, ils leur doivent toujours le même respect.

Les soins et l'enseignement donnés aux enfants doivent les rendre capables de se suffire à eux-mêmes.

Pour que les enfants puissent se suffire à eux-mêmes, ils doivent avoir reçu dans leur famille, ou en dehors de leur famille, l'instruction et les éducations qui leur sont nécessaires.

L'instruction consiste à enseigner des choses exactes ou considérées comme telles. Chacun doit en avoir suffisamment pour comprendre ce qu'il fait, et le faire bien.

L'éducation comprend plusieurs enseignements :

L'enseignement moral, qui donne à chacun conscience de soi-même, lui enseigne la manière de se conduire dans les diverses circonstances de la vie pour remplir ses devoirs.

L'enseignement matériel, ou physique, qui apprend à chacun ce qu'il doit faire pour acquérir une bonne constitution et conserver la santé.

L'enseignement professionnel, qui apprend à chacun à se servir de ses facultés, développe ses aptitudes et l'initie à s'en servir pour des fins utiles.

L'éducation civique qui enseigne l'organisation de la société, les droits de chacun, les devoirs envers la société et surtout envers la nation.

L'individu qui a reçu tous ces enseignements doit savoir se bien conduire ; s'il ne le fait pas, c'est qu'il ne veut pas s'en donner la peine, et il ne doit s'en prendre qu'à lui-même.

Nous allons le suivre dans son évolution naturelle,

LE MARIAGE

Lorsque l'Etre humain a acquis son développement, il se sent des besoins nouveaux. C'est la nature qui l'incite à se soumettre à ses lois.

L'homme et la femme sont des êtres incomplets, qui se complètent l'un par l'autre.

Dans l'espèce humaine, les enfants ont besoin de soins pendant trop longtemps, le rôle du père et celui de la mère sont trop importants, pour que l'union de l'homme et de la femme puisse se faire au hasard des rencontres. Cette union doit être préparée d'avance afin d'être constante et durable. Le père et la mère ont trop souvent besoin d'un mutuel appui, ont trop d'intérêts communs, pour que cette union puisse rester libre, elle doit être rendue légale.

L'union est préparée d'avance par le choix qui en détermine les parties, par les fiançailles qui permettent aux parties d'en étudier et d'en préparer les effets ; elle est rendue durable par des engagements réciproques, et elle devient légale par le mariage.

Le mariage n'est pas une affaire ; ce n'est ni une fin ni un moyen ; il ne doit pas être la réalisation d'un caprice ; il doit être l'union de deux êtres, faits pour être unis ; c'est l'acte conscient le plus important de la vie. C'est de sa bonne organisation que dépend, non seulement le bonheur des deux existences qui se lient, mais encore de la famille dont il sera la source.

Comme dans toutes les circonstances de la vie, les parents, qui ont plus d'expérience, peuvent et doivent guider leurs enfants ; mais ce sont les intéressés seuls qui doivent décider de leur choix et organiser leur future existence.

Dans le choix d'une compagne ou d'un compagnon, l'homme et la femme doivent tenir compte des tempéraments qui doivent se convenir, des éducations qui doivent permettre de se comprendre, et des aspirations qui doivent être communes.

Lorsque le choix est décidé, les deux fiancés doivent discuter et préparer l'organisation de leur future existence commune. Ils doivent envisager tout ce qui peut l'être et décider de tout ce qui doit l'être. Ils doivent s'ouvrir franchement l'un à l'autre de leurs goûts et de leurs désirs, et ne pas remettre après le mariage, pour révéler ce qui doit l'être avant. C'est moins avant qu'après le mariage que l'entente doit être complète. Au moment du mariage, l'union intime des deux âmes doit exister.

Dans le mariage, l'homme et la femme trouvent non seulement leur situation normale, naturelle, mais encore le moyen de satisfaire à un devoir moral.

En recevant la vie l'Être humain contracte une dette, dont il ne s'acquitte qu'en créant des vies nouvelles, qu'en se donnant des remplaçants. [Pensée 1.]

Lorsque l'Être humain s'est développé, s'est créé

Pensée 1. — La question de la natalité est trop controversée pour que nous la passions sous silence.

Il nous paraît naturel, par conséquent obligatoire, que chacun se crée au moins des remplaçants ; mais nous ne croyons pas que l'on doive, ni que l'on puisse fixer le nombre d'enfants que chacun doit avoir. D'abord, parce que le même nombre d'enfants est une sujétion plus grande dans certaines situations que dans d'autres ; mais, surtout, parce que ne limite pas sa procréation qui veut, ni chacun comme il le désire ; et que lorsque les enfants viennent, on doit les recevoir, les soigner et les aimer, quel qu'en soit le nombre, et se serrer seulement un peu plus pour leur faire de la place. Et ceux qui les détruisent, avant ou après leur naissance, sont des criminels.

dés remplaçants, il a fini son évolution, mais il n'a pas terminé son rôle. Comme la plante qui porte la graine jusqu'à complète maturité, et qui, après que cette graine est tombée, l'abrite encore de son ombre, l'Être humain doit continuer de vivre pour veiller sur ses enfants, pour leur donner les soins nécessaires, pour continuer de leur être utile.

[Nous avons étudié les soins qu'il fallait donner aux enfants, nous n'y reviendrons pas, puisque c'est aux parents, ou à ceux qui sont chargés de les remplacer, de donner aux enfants tout ce qui leur est nécessaire, jusqu'au moment où ces enfants peuvent se le procurer eux-mêmes].

De plus, l'individu doit encore vivre, lors même qu'il paraîtrait inutile, parce qu'il fait partie de l'harmonie universelle et qu'il contribue d'une manière quelconque à cette harmonie jusqu'à la mort. Là, seulement, finit son rôle.

A la mort, l'homme cesse sa fonction d'être organisé, il change d'état, mais ne disparaît pas, et nul ne sait de combien il meurt. La matière se désagrège et sert à former d'autres corps ; mais nul ne sait ce que devient l'esprit. [PENSÉE 1.] Peut-être, comme le corps qui sert à former d'autres corps, l'esprit sert-il à former d'autres esprits, à animer d'autres vies. Mais ignorant tout de l'esprit, et sa nature et ses manifestations, nul ne peut dire ce qu'il devient, et quelles que

PENSÉE 1. — La théorie des matérialistes ne nous satisfait pas. Au contraire, nous avons la certitude d'avoir un esprit qui nous anime. Nous ne savons si nous ne sommes que la machine sur laquelle vient agir l'esprit, comme le fluide électrique agit sur la machine qui l'utilise ; ou si l'esprit fait partie de notre être. Nous ne connaissons ni sa nature, ni son essence ; mais nous le sentons suffisamment en nous, pour n'avoir aucun doute sur son existence.

soient les suppositions que l'on en puisse faire, aucune ne mérite d'être retenue, ni en tout, ni en partie.

L'individu ne vit plus seul, ou seulement avec les siens ; il vit en socié.é. Nous allons étudier l'organisation de cette société.

ORGANISATION LÉGALE
DE LA SOCIÉTÉ

L'homme ne peut plus vivre isolé dans la nature, il est obligé de vivre en société. Dans cette société, les rapports entre les différents membres qui la composent, ne peuvent pas être laissés à l'initiative de chacun; les forts abuseraient de leur force, et les méchants exploiteraient la charité des bons. Il faut que ces rapports soient basés sur la justice.

Pour que la justice règne, il faut une autorité qui l'établisse et la fasse observer. Cette autorité, c'est le gouvernement. Institution qui existe dans toutes les sociétés organisées.

Comme sociétés organisées, il n'y a que l'Etat, la Nation et la Confédération d'Etats.

La famille, bien qu'elle soit la base de la société, n'est pas une société organisée. Les rapports y sont basés sur l'affection, et l'autorité y est plus paternelle que légale.

GOUVERNEMENT DE LA NATION

La nation doit choisir elle-même le Gouvernement qui lui convient le mieux [PENSÉE.] ; elle doit désigner, pour gouverner, celui qui lui en paraît le plus capable. Le Chef du Pouvoir choisit des collaborateurs pour le seconder dans le Gouvernement en général et, en particulier, pour diriger l'organisation et l'administration des grands services de la nation. L'investiture et les prérogatives, des membres du pouvoir, doivent être fixées par des lois constitutionnelles. Les droits et les devoirs des citoyens doivent être fixés par des lois sociales. Ces lois doivent être élaborées par des légistes indépendants. Elles ne doivent pas l'être par les membres du pouvoir qui pourraient les faire en leur faveur, ni par ceux qui les adoptent, qui pourraient les faire pour en tirer profit. Ces lois doivent être adoptées par des législateurs désignés par le peuple. Le rôle de

PENSÉE. — La forme du gouvernement doit être en rapport avec la mentalité du peuple gouverné.

Au peuple inculte, il faut des gouvernants plus éclairés pour le diriger.

Un peuple éclairé (comme le peuple français devrait l'être) doit se conduire lui-même, et désigner des représentants pour administrer la chose publique.

Donner la liberté de se conduire à un peuple qui n'y est pas préparé, est lui faire un don néfaste. On ne le soustrait à l'autorité d'un seul, que pour le faire retomber sous la tyrannie d'une multitude de roitelets, bien plus gênants pour lui.

C'est comme si, en religion, on rejetait le Dieu suprême, pour établir une multitude d'idoles, plus exigeantes et moins justes que la souveraine divinité.

Il en est du gouvernement légal, positif des sociétés, comme du gouvernement naturel des consciences.

ces législateurs représentant du peuple est de connaître les besoins des citoyens qu'ils représentent, de n'adopter que des lois qui répondent à ces besoins, et de provoquer celles qui sont nécessaires pour y satisfaire.

Pour punir les crimes et les délits, les dérogations aux lois, départager les citoyens qui ne s'entendent pas entre eux, il doit y avoir des tribunaux et des juges qui répondent à tous les besoins. Pour surveiller les intérêts de la Nation, pour s'assurer que tous les fonctionnaires s'acquittent de leurs fonctions, il faut des contrôleurs ayant qualité pour reconnaître tous les délits, quel qu'en soit le lieu, et quels qu'en soient les auteurs. Il doit y avoir un Tribunal souverain pour instruire contre tous les crimes, contre tous les délits, contre tous les manquements graves, qui ne sont pas justiciables des tribunaux ordinaires. Ce tribunal doit avoir le pouvoir de sévir contre tous les coupables, quels que puissants qu'ils soient, même contre le chef du Gouvernement.

La Nation doit être divisée en unités administratives. Ces unités doivent correspondre au besoin qui en est. Chaque unité doit être administrée par un ou plusieurs délégués du Gouvernement et des représentants du Peuple.

C'est le Peuple qui doit choisir ces représentants, et chacun ne doit participer directement au choix que des représentants qu'il peut connaître. Les représentants d'un ordre plus élevé, étant choisis par les représentants de l'ordre inférieur.

Le Peuple doit parfaire son éducation civique, les représentants du peuple leur éducation professionnelle, de manière que chacun puisse bien s'acquitter de la mission dont il est chargé.

Le Gouvernement doit assurer la Paix, la Justice et la Liberté à tous les citoyens. C'est là son principal rôle, mais il a d'autres devoirs.

C'est à la Nation d'assister les malheureux qui n'ont pas de moyens d'existence et qui sont dans l'incapacité de s'en procurer.

Il est également nécessaire que ce soit l'Etat qui organise et administre certains services dont dépend la vie de la Nation.

Ces services doivent être organisés et administrés comme des entreprises privées, qui doivent se suffire à elles-mêmes.

Qu'il s'agisse de service d'Etat ou de services publics, les finances de la Nation doivent être employées avec discernement, et ménagées avec soin. Les fonctionnaires coupables, ou incapables, doivent être responsables de leurs erreurs, et non pas en faire supporter les conséquences à la Nation.

Nous ne rechercherons pas ce qu'il y a de bien et de mal dans nos institutions. Nous dirons seulement qu'elles peuvent se suffire et que ce n'est pas le moment d'y toucher.

Nous estimons qu'en temps de Paix, le peuple doit, sans aucune faiblesse, exercer toute la Souveraineté qui lui appartient. Mais qu'en temps de Guerre, il doit donner au Gouvernement toute l'autorité qui lui est nécessaire pour gouverner.

Nous demanderons seulement au peuple, qui réclame tout du Gouvernement, s'il a toujours exercé sa souveraineté lorsqu'il devait l'exercer ; s'il a toujours désigné, pour le représenter, celui qui lui paraissait le plus capable ; s'il a toujours fait ce qu'il devait faire pour que le Gouvernement soit exercé avec sagesse.

Nous demanderons à chacun, s'il a toujours agi pour que la Justice soit égale pour tous ; pour lui comme pour les autres et pour les autres comme pour lui.

Enfin, et surtout, nous demanderons aux Représentants du peuple, qui sont plus éclairés et plus responsables que la masse populaire ; aux Députés et aux Sénateurs qui s'immiscent sans cesse dans les différents services, empêchent les Ministres d'administrer, ce Gouvernement de gouverner ; s'ils ont bien conscience de leur mission.

GOUVERNEMENT DE L'HUMANITÉ

La Nation est l'agrandissement de la famille, c'est une entité morale supérieure à la famille. L'humanité, c'est la grande nation, la nation commune à tous les peuples, c'est la suprême personne morale pour tous les hommes, pour toutes les nations.

Pour être heureux, le peuple doit pouvoir vivre en paix dans la Nation. Pour donner cette paix au peuple, la Nation doit avoir elle-même cette paix assurée dans l'Humanité ; c'est donc le moyen d'assurer cette paix à toutes les nations qu'il faut trouver.

C'est bêtise, utopie ou crime, de prêcher le pacifisme, avant d'avoir assuré le règlement pacifique des litiges entre nations, avant d'avoir fait supprimer les armées créées pour faire la guerre.

De même qu'il ne suffit pas à un individu d'être honnête pour que tous les individus agissent honnêtement avec lui ; il ne suffit pas à une nation de désirer la paix, de gouverner en vue de la paix, pour ne pas avoir la guerre.

De même qu'il y a des individus qui ne sont honnêtes que lorsqu'ils y trouvent leur intérêt, ou qu'ils ne peuvent faire autrement ; il y aura toujours des nations qui ne respecteront le droit et les traités qu'autant qu'elles y trouveront leur intérêt ou qu'elles ne se sentiront pas la force de les violer.

Il faut donc organiser le gouvernement de l'humanité pour assurer la paix aux nations, comme on a organisé le gouvernement de la nation pour assurer la paix aux individus de cette nation.

Avant de chercher les moyens d'organiser le gouvernement de l'humanité, il faut d'abord en trouver et en fixer les règles directrices.

Les peuples et les nations, comme les individus, doivent pouvoir évoluer librement ; et leur liberté d'évoluer ne doit s'arrêter que là où commence la liberté d'évolution d'un autre peuple, d'une autre nation.

Chaque nation doit pouvoir régler amicalement, sans entrave ni contrainte, ses rapports avec les autres nations ; et nulle nation ne doit pouvoir profiter de sa force pour imposer des conditions léonines ou injustes à une nation plus faible.

Le rôle du gouvernement de l'humanité est donc surtout d'assurer la paix à toutes les nations.

Il doit veiller, lorsqu'il en est requis, à ce que chacune d'elles remplisse ses engagements avec les autres nations, dans les conditions où elle y a souscrit, et aussi longtemps que ces engagements ne seront pas périmés ou dénoncés.

Il doit rendre obligatoires certaines mesures prises dans l'intérêt commun. Mais il ne doit pas s'immiscer dans le gouvernement intérieur des nations. Toutefois, il peut être appelé à organiser des mesures communes, à concilier des intérêts opposés entre nations. Mais, en dehors de la paix générale, universelle, qu'il doit assurer d'une façon complète, il vaut mieux qu'il encoure le reproche de ne pas faire assez, que de mériter celui de faire trop. Il faut toujours considérer les nations et l'humanité comme étant composées d'êtres humains, capables de se conduire d'après leur raison ; et il ne faut fixer des règles de conduite qu'à ceux qui donnent des preuves du contraire, qu'à ceux qui se conduisent comme des animaux humains.

Les lignes directrices étant trouvées, il faut rechercher les moyens de les appliquer.

Comme en tout, il s'agit d'abord de vouloir ; car,

sans le vouloir qui donne la bonne volonté, tout est difficile et dans l'occurence rendrait tous les efforts stériles.

Pour arriver à organiser le gouvernement de l'Humanité, on peut procéder de deux manières.

Les nations, plusieurs nations, peuvent d'abord adhérer à quelques règles communes, et augmenter progressivement le nombre de ces conventions. C'est ce qui a déjà eu lieu, pour des règlements maritimes, pour la convention de Genève, et d'autres conventions conclues entre nations, ou élaborées par le tribunal de La Haye.

Ce moyen serait le meilleur si toutes les nations respectaient leurs engagements ; mais comme il n'y aurait nulle force pour les y contraindre, il y en aurait toujours qui violeraient leurs engagements lorsqu'elles y trouveraient leur intérêt et qu'elles s'en sentiraient la force ; et les nations qui y resteraient fidèles seraient victimes de leur honnêteté. C'est ce qu'il faut empêcher.

On arrivera plus sûrement à organiser le Gouvernement des nations d'abord, et de l'humanité ensuite, en procédant par confédération d'Etats.

Chaque nation confédérée continuant de s'administrer intérieurement, de régler librement ses rapports avec les autres nations, comme si elle était isolée. Mais, toutes les nations confédérées unissant leurs forces, sous une direction unique, et créant un gouvernement commun, pour administrer et défendre la confédération. [PENSÉE.]

PENSÉE. — Ce système peut avoir l'inconvénient, s'il se forme plusieurs confédérations d'Etats, de mettre en présence un plus grand nombre de belligérants, et d'augmenter, momentanément, le mal au lieu de le supprimer. Néanmoins, c'est celui qui nous paraît le plus pratique pour obtenir un gouvernement capable d'assurer la paix aux nations, et le plus efficace pour obtenir la Paix Universelle.

Le Gouvernement des nations confédérées devra d'abord être organisé pour répondre aux besoins de ces nations, mais aussi comme s'il devait servir de base au Gouvernement de l'Humanité. Ce sont les débuts de cette organisation qui seront les plus laborieux. Toutefois, avec de la bonne volonté, les difficultés n'en sont pas insurmontables. La Suisse et les Etats-Unis nous donnent une idée, et des exemples de ce que peut et de ce que doit être ce Gouvernement.

Une assemblée, composée d'un ou de plusieurs délégués de chaque nation, offrira toutes les garanties désirables. Néanmoins, la première organisation établie devra être adoptée par le Gouvernement de chacune des nations contractantes.

L'honneur d'organiser le Tribunal suprême des nations est assez grand, par lui-même, pour effacer toute question de prépondérance entre nation. Cependant, s'il y avait lieu de ménager des susceptibilités, ou de calmer des jalousies, on pourrait choisir le lieu de réunion de l'assemblée en pays neutre, et en donner la Présidence à tour de rôle au délégué de chaque nation. [Pensée 1.]

Nous ne parlerons pas de l'élaboration des lois constitutionnelles de ce gouvernement. Ceci est du domaine des hommes d'Etat. Nous sommes seulement persuadés qu'ils n'y éprouveront aucune difficulté, si chacun base sa conception sur l'équité ; ce qui sera un devoir commun pour tous. [Pensée 2.]

Pensée 1. — Cependant, il serait bien préférable qu'elle fût présidée par celui qui sera le plus capable d'en diriger les débats.

Pensée 2. — Nous ne savons si nous avançons de quelques années ou de quelques siècles, mais nous sommes convaincu que ce gouvernement sera réalisé un jour. C'est le seul moyen d'assurer la paix universelle, et de cette paix tout homme sensé est avide d'en jouir.

Le moment est favorable pour mettre cette doctrine en pratique.

En fait, il y a deux confédérations d'Etat en présence ; les uns pour attaquer, les autres pour se défendre. Nous ne parlerons pas du camp adverse, non parce que ce sont nos ennemis, mais parce que la plupart des nations y obéissent à des gouvernements parjures, et que les peuples y comprennent moins d'hommes que d'animaux humains.

Du côté de l'Entente, les peuples y luttent autant pour le droit et la justice, que pour leur indépendance.

Nous n'entrerons pas dans la critique de ce qui a été fait. La critique contient toujours une part de passion et d'injustice, et nous ne voulons que l'équité. Toutefois, nul ne contestera que si, du côté de l'Entente, il n'y avait eu qu'une direction, on aurait évité des tâtonnements, des erreurs, et que la victoire aurait coûté moins cher.

Il est sans doute trop tard ou plutôt il n'est plus nécessaire de s'unir pour vaincre, mais il est toujours temps de s'unir pour éviter de nouvelles calamités.

Le règlement de la paix sera sûrement laborieux ; nul ne sait s'il n'amènera pas de pénibles discordes, et on doit faire tout ce qui est possible pour les éviter. C'est pourquoi les nations de l'Entente ont intérêt à s'unir d'une façon plus intime d'abord, et ensuite pour toujours. [Pensée.]

Nous n'avons pas à indiquer à nos gouvernants ce qu'ils ont à faire pour obtenir cette union ; ils le savent mieux que nous, ou sont plus capables de le trouver. Mais il faut que les peuples s'y préparent, que les peuples les y aident.

Pensée. — Nous ne pouvons préjuger de l'avenir, mais nous sommes persuadés que si les Alliés voulaient et pouvaient s'unir ainsi, ils verraient venir à eux la plupart des nations du globe.

ORGANISATION DE LA VIE SOCIALE

Nous avons étudié la formation de l'individu, nous avons vu ce qui lui était nécessaire pour devenir un homme conscient, un être humain, sain de corps et d'esprit.

Nous avons vu l'utilité du Gouvernement pour assurer la paix et la sécurité aux individus dans la nation. Nous avons reconnu qu'un gouvernement de l'humanité était indispensable pour assurer la paix aux nations. Mais de même que la nation ne peut plus vivre isolée dans l'univers, l'individu ne peut pas vivre isolé dans la nation ; il est obligé d'avoir des rapports avec les autres membres de la société.

Le Gouvernement, dans ce qui est de son domaine, fixe par des lois ce qu'il est défendu de faire, et quelquefois ce qui est permis, mais il ne peut régler tous les rapports des individus. Le pourrait-il, qu'il ne devrait pas le faire, car il ne saurait les régler sans attenter à la liberté de l'individu ; et la liberté est un bien auquel on ne doit pas toucher, un bien qui appartient à chacun, un bien que nul ne doit laisser aliéner, sous peine de déchéance d'homme. Cependant, il est indispensable que ces rapports soient soumis à des règles, mais ces règles ne doivent pas être fixées par des lois, elles ne peuvent qu'être basées sur la raison. C'est ce que la société n'a pas encore su comprendre, ou du moins n'a pas encore su résoudre. [PENSÉE.]

PENSÉE. — Peut-on appeler société, la cohue humaine qui grouille à la surface du globe. Au lieu de se soutenir et de s'entr'aider, les plus forts y écrasent les plus faibles ; non seulement les individus, mais les réunions d'individus.

La vie ne devrait être qu'un long cri de joie et d'amour ; pour beaucoup, ce n'est qu'un long cri de douleurs ! et au lieu de semer des ferments d'amour, la société s'acharne à créer des ferments de haine.

Bien que cela soit difficile, nous allons essayer d'étudier la vie dans la société. Non pas la vie usinée par la machinerie industrielle et commerciale ; non pas la vie telle que la font les caprices de quelques individus ; non pas la vie telle que l'ont rendue les passions humaines ; mais la vie sociale dans ce qu'elle nous paraît naturelle.

Pour prendre la société à son origine, il faut commencer par la famille.

LA FAMILLE

La famille tient de l'individu et de la société.

Elle tient de l'individu parce qu'étant unie par les liens du sang, elle forme une entité morale dont les intérêts sont communs.

Elle tient de la société, en ce que ses membres agissent quelquefois isolément.

Les efforts doivent déjà y être partagés. Les travaux les plus légers doivent y être réservés aux enfants, les plus délicats aux femmes, et les plus pénibles aux hommes.

Le soutien et l'entr'aide doivent y être mutuels.

L'autorité doit y être paternelle et les rapports basés sur l'affection.

Comme dans toute réunion d'individus, plus la famille est unie, plus l'ensemble en retire de bonheur.

LA SOCIÉTÉ

En dehors de la famille, les êtres humains ont trouvé utile de se grouper en société, pour se défendre plus facilement, pour se soutenir et s'entr'aider, pour mieux utiliser leurs efforts en les spécialisant, et enfin pour faciliter leurs échanges.

Si les hommes ne s'attaquaient pas entre eux, ils n'auraient plus souvent l'occasion de se défendre.

Pour se soutenir et s'entr'aider, ils devraient se servir davantage de la mutualité et avoir recours moins souvent à la générosité et à la charité. La charité s'exerçant au profit de celui qui est le moins généreux et au détriment de celui qui l'est davantage.

Ils devraient répartir les efforts suivant la force et les aptitudes de chacun. Si leurs efforts ne sont pas mieux répartis, la cause en réside dans la mauvaise organisation de la société, et cette organisation ne peut être perfectionnée que par une meilleure éducation de l'ensemble.

Ils devraient faire leurs échanges directement, ou par coopération, toutes les fois que cela est possible, et n'avoir recours aux commerçants, que lorsqu'il y a avantage, ce qui arrive rarement.

Les échanges directs évitent le prélèvement des intermédiaires.

La coopération permet souvent d'écouler les produits plus économiquement pour l'ensemble ; mais surtout permet à chacun de ne payer les objets et les choses dont il a besoin, que sensiblement le prix de leur valeur, tandis que chez le commerçant, il les paye souvent plus chers qu'ils ne valent.

Cependant, l'homme est si bizarre, tellement soup-
çonneux ; il aime tant à se débarrasser sur autrui de
la peine qu'il peut s'éviter, que c'est généralement aux
commerçants qu'il préfère s'adresser.

Nous ne nous étendrons pas sur les avantages de la
coopération comme ils le méritent, d'abord parce
qu'ils ont été étudiés mieux que nous ne saurions le
faire, mais aussi parce que nous attachons moins d'im-
portance à l'intérêt matériel qu'à l'intérêt moral.

La raison d'être de la société actuelle est donc de
favoriser les échanges entre ses différents membres ;
de permettre à tous de se soutenir et de s'entr'aider,
suivant les besoins des uns et le pouvoir des autres.
Mais la vie de l'être humain n'est pas seulement matérielle, elle est aussi spirituelle. C'est même l'esprit qui
doit diriger la matière. [PENSÉE.] Donc, le rôle de la
société est de favoriser aussi le soutien moral, de faciliter l'échange des productions de l'esprit, b.en plus,
de permettre à l'Esprit de prendre conscience de lui-
même.

Dans la nature, rien ne reste stationnaire ; il y a
progression ou régression. La race humaine ne peut
échapper à cette loi. Ou elle avancera vers plus de perfection, ou elle retournera vers l'animal. Nous croyons

PENSÉE. — Nous ne croyons pas qu'il soit nécessaire de
demander moins de satisfactions à la vie matérielle. Nous ne
voyons pas l'utilité de l'ascétisme ; nous croyons seulement
qu'il est nécessaire de diriger la vie plus intelligemment.

Celui qui use immodérément des plaisirs de la table, en est
incommodé d'abord et se crée, généralement, des maux dont
il souffrira plus tard. Il en est de même de la plupart des plaisirs.
Il faut donc profiter des jouissances que la vie nous offre, mais
de manière à en retirer le maximum d'effet utile et agréable.

La raison doit guider chacun, pour que l'obtention, ou la
jouissance d'un plaisir, ne soit pas un sujet de gêne et de souf-
france pour lui-même, ni une cause de privations ou de contrainte pour autrui.

que l'homme doit travailler à sa perfection, nous croyons qu'il doit s'élever vers sa divinisation et non se rabaisser vers l'animal. Nous estimons que le rôle de la société est de permettre à l'esprit de se manifester avec une plus grande conscience de lui-même, toujours pour des buts plus utiles, et vers des fins toujours plus nobles, toujours plus pures.

La chose est tellement complexe, qu'elle est difficile à réaliser, mais elle n'est pas irréalisable. Il faut étudier tous les éléments qui contribuent aux manifestations de l'esprit, qui influent sur elles ; la nature et les rapports de ces éléments ; trouver la méthode pour se servir de l'ensemble et enfin le moyen d'enseigner le tout et de le perfectionner.

D'abord, c'est l'esprit qui sert à l'individu pour diriger sa conduite, et c'est l'individu, ou plutôt la réunion des individus qui forment la société ; enfin, c'est la société qui apprend à l'individu à se servir de son esprit pour diriger sa conduite.

Ce sont les individus qui étudient les manifestations de l'esprit, qui découvrent le moyen de mieux les utiliser ; mais ils ne peuvent faire profiter directement de leurs découvertes qu'un petit nombre d'individus, que les personnes avec lesquelles ils sont en rapport ; et c'est la société qui les enseigne à tous. Donc, en principe, la perfection ne peut s'obtenir que progressivement, et la perfection de l'individu est si intimement rattachée à celle de la société, que l'un et l'autre ne peuvent évoluer que simultanément. [PENSÉE.]

PENSÉE. — Au lieu de profiter de l'enseignement des quelques grandes intelligences qui ont essayé de l'éclairer, la société, après des milliers d'années, en est encore à épiloguer sur la vertu et la véracité de ces enseignements. Elle en vante bien quelquefois les mérites, mais l'ensemble de cette société est incapable d'en mettre les précepte en pratique. Combien de dévouements, cependant, en perpétuent toute la grandeur !

Les individus qui découvrent les moyens de mieux utiliser les manifestations de l'esprit ne sont pas infaillibles, ils ne sont même pas toujours sincères. Il en résulte que ces découvertes sont quelquefois contradictoires, qu'elles préconisent des efforts quelquefois contraires. Les efforts qui sont contraires se nuisent, se neutralisent, ce sont des efforts perdus.

La société se doit d'éviter cette perte d'efforts, et elle peut y arriver facilement en centralisant toutes les découvertes de l'esprit ; en n'admettant et n'enseignant que ce qui est bien, en créant une doctrine commune à toutes les personnes de bonne volonté.

Pour obtenir l'unité de doctrine, il suffit de baser cette doctrine sur des principes irréfutables.

Pour trouver ces principes, il ne faut pas compter sur le Gouvernement. Le Gouvernement, c'est la force légale qui assure l'ordre, mais ce n'est pas la Raison. La Raison et la Sagesse ne peuvent se trouver que dans la société. Il faut donc étudier la composition de cette société et y découvrir les membres les plus capables de juger les véritables principes de la Raison.

La société est composée de bons et de méchants. La bonté et la méchanceté ont des degrés. La bonté commence à l'homme vertueux qui ne voudrait commettre aucun acte qui puisse nuire à autrui, ni même avoir aucune pensée qui puisse froisser sa conscience. La méchanceté ne s'arrête qu'au fripon capable de tous les crimes pour assouvir ses passions. [PENSÉE.]

Seuls, les bons peuvent reconnaître les vrais principes de l'ordre et de la sagesse ; mais il y a bien des états intermédiaires entre les bons et les méchants ;

PENSÉE. — Nul n'est ni tout à fait bon, ni tout à fait mauvais. L'homme le plus vertueux peut être amené à fauter par faiblesse et par ignorance ; et, même chez le plus grand des criminels, on trouve des sentiments honorables.

on ne peut pas établir une moyenne ; cependant il est nécessaire de faire une démarcation. On peut considérer comme bon, sage et humainement juste, celui qui, bien que se laissant quelquefois entraîner par ses passions, essaye d'atténuer ses fautes, de réparer le mal qu'il a fait et cherche le bonheur dans l'honnêteté. Cette catégorie comprend la grosse majorité de la famille humaine.

Mais parmi les personnes que l'on peut classer dans cette catégorie, on en trouve qui varient non seulement par leur degré d'honnêteté, mais encore par leur manière d'agir.

Il y a des natures inertes qui sont inoffensives, qui ne font rien de mal, mais qui sont tout aussi incapables de faire le bien. Elles ne peuvent faire que des juges médiocres. La véritable sagesse ne consiste pas à ne pas avoir de passions, mais plutôt à être capable de les ressentir et de les dominer toutes.

Il y a des personnes qui se contentent de vivre honnêtement, sans plus ; soit qu'elles croient remplir tous leurs devoirs, soit qu'elles jugent que, vu l'apathie et le désintéressement général à la chose publique, tout effort doit rester vain. Celles-là suivront, mais ont besoin au préalable d'être entraînées.

Enfin, il y a des natures qui ont de l'énergie et du jugement, et auxquelles nul effort ne coûte lorsqu'il s'agit d'atténuer quelques misères, de soulager quelques souffrances ; d'apporter un peu de bonheur à ceux qui en sont dépourvus. Ceux-là sont capables de juger de la raison et de créer la doctrine qui doit conduire le monde.

Ils sont plus nombreux qu'on ne le croit. Ils sont plus nombreux que les quelques méchants qui conduisent, exploitent et bouleversent le monde depuis des milliers d'années. Il faut que ceux qui en sont capables s'unissent et créent l'organe moral qui manque et qui a toujours manqué à l'humanité pour se conduire. Ils seront suivis par toutes les bonnes volontés ; quelques-unes les seconderont effectivement, et les autres les aideront encore du poids de leur nombre.

Pour créer une doctrine, il suffirait sans doute de rassembler les préceptes qui ont été émis par les philosophes de tous les temps, et qui sont contenus dans les diverses religions et théories sociales. Il est probable qu'il n'y aurait qu'à rassembler, car toutes les formules de la sagesse ont été émises. [PENSÉE.] Néanmoins, tout en se servant de ces préceptes, il faut encore ne baser cette doctrine que sur la vérité et n'admettre que des principes irrécusables.

Nous verrons d'abord la vérité, ensuite nous chercherons les principes.

Toute la vérité n'est pas encore découverte. Certaines vérités nous serviraient sans doute à nous mieux conduire, mais la plupart ne serviraient qu'à satisfaire notre curiosité. Nous connaissons suffisamment de vérités pour guider notre raison, autant, et aussi souvent que cela est nécessaire.

Donc, on ne doit admettre que ce qui est vrai, que ce qui paraît vrai, et reconnaître notre ignorance lorsqu'elle existe. Il est inutile de la cacher par des formules imagées, qui trompent notre imagination, mais ne la satisfont pas.

PENSÉE. — On se demandera peut-être, comment il se fait que l'homme n'ait pas su profiter de ces révélations pour organiser, fixer et jouir de cette sagesse, au lieu de se laisser conduire par ses passions, comme aux premiers âges du monde. La réponse en est écrite dans les diverses doctrines qui ont été créées. A l'origine, elles sont basées sur des principes sublimes, que des disciples convaincus enseignent fidèlement. Puis, lorsque les adeptes deviennent suffisamment nombreux, les exploiteurs prennent la place des disciples, dénaturent les principes et les enseignent pour en tirer profit. Il n'y a aucune exception à la règle, depuis les plus anciennes doctrines jusqu'aux plus nouvelles.

renons un exemple qui ait une certaine valeur et qui soit compréhensible à tous. La création ; la création du monde et celle des espèces. Nous ignorons leurs origines.

Certains les attribuent au surnaturel. C'est un moyen pour masquer son ignorance, mais ce n'est pas le moyen de faire chercher, avancer et découvrir la vérité. D'autres affirment que la création des espèces est spontanée. Ni les uns ni les autres ne peuvent appuyer leurs affirmations sur des preuves certaines. Donc, elles sont à étudier, mais non à retenir.

Le surnaturel n'est pas de notre domaine. Celui de la science non plus. Néanmoins, nous pouvons admettre [mais non enseigner] que la création puisse être spontanée. La vie dans les espèces inférieures, du règne végétal et du règne animal, ne doit pas être d'une organisation bien compliquée. Un hasard heureux de la nature, toujours en travail, peut réunir toutes choses égales, et créer une espèce, une espèce nouvelle ou une espèce existant déjà. Les espèces, en évoluant, donnent des sujets plus complets. De même, mais en poussant plus loin.

L'homme est sans doute l'animal le plus complet de notre planète, mais dans d'autres planètes, dans d'autres mondes, il existe peut-être des êtres plus complets que l'homme ; et il est sans doute possible à l'homme d'atteindre plus de perfection. A part l'évolution qui est basée sur des preuves, ce ne sont que des suppositions qui ne reposent sur aucune certitude. Ces suppositions méritent sans doute d'être étudiées, mais ne doivent pas être enseignées.

Donc, pour enseigner la création, une doctrine qui ne veut pas s'écarter de la vérité doit reconnaître son ignorance sur l'origine de la création, aussi bien de cel e du monde, que de celle des espèces. Mais elle doit enseigner que les espèces évoluent ; que lorsqu'elles ne s'élèvent pas vers leur perfection, il y a régression, et qu'il est du devoir de l'être humain de s'employer à sa perfection. Elle n'enseignera rien de faux, et elle enseignera quelque chose d'utile. [Pensée.]

Il est inutile de préciser la vérité, elle se définit par elle-même ; nous passerons aux principes.

Pour qu'une doctrine puisse être admise par l'universalité du genre humain, il faut qu'elle ne contienne comme principes obligatoires, que des principes irrécusables, que ce qui dépend de la volonté de chacun et qui est indispensable au bonheur de tous. Et pour être complète, qu'elle enseigne, mais en le louant seulement, tout ce qui augmente la valeur de l'individu, tout ce qui contribue au bonheur du genre humain.

Pour trouver tous ces principes, il faut étudier la personnalité humaine, et établir ce qu'elle doit être. [Nous ne parlerons pas de l'intelligence qui découle d'un autre ordre].

L'être humain doit être juste, bon, courageux, digne, charitable.

Mais il ne dépend pas de chacun d'avoir toutes ces qualités au même degré ; les unes relèvent de la conscience, d'autres de la nature de l'individu. Il faut louer

Pensée. — Des preuves de l'évolution des espèces existent dans de nombreuses variétés de plantes et dans plusieurs races d'animaux. On a obtenu des fleurs plus belles, des légumes meilleurs ; et suivant les besoins, des animaux plus forts ou plus gras.

L'homme a recherché dans ce qui l'entoure, ce qui lui était plus agréable et plus utile, mais il s'est négligé lui-même. On s'est occupé de l'amélioration des races chevaline, bovine et porcine plus que de la race humaine. Cependant, si l'homme était plus intelligent, s'il était mieux équilibré, il ferait un meilleur usage de sa raison. On recommande bien aux femmes d'observer le calme pendant leur grossesse, mais la plupart du temps on les oblige à vivre au milieu de soucis accablants, d'assister à des scènes pénibles, et même, quelquefois, de travailler comme des bêtes de somme.

la bonté, la charité, le courage, la dignité ; mais on ne peut pas obliger quelqu'un à être bon et charitable, et encore moins digne et courageux. Ces qualités dépendent même quelquefois de la situation de celui qui les possède. On ne peut pas demander la même douceur de manières au charretier qui conduit des bêtes, qu'à l'intellectuel qui commerce avec des personnes. Cependant, tous deux sont utiles.

Mais, si certaines qualités ne sont pas accessibles à tous, si certaines vertus ne doivent relever de la conscience de chacun, d'autres sont obligatoires. Tout le monde peut être juste, et il est indispensable que chacun se soumette à la justice ; que tout le monde soit honnête, l'honnêteté étant l'application de la justice dans toute son étendue.

Il est facile de reconnaître ce qui est honnête.

L'honnêteté consiste à ne jouir que de ce qui appartient, ou dont on est autorisé à jouir, sans jamais attenter au bien d'autrui, ni au bien moral, ni au bien matériel ; ni aux biens de l'individu, ni aux biens de la collectivité.

Pour qu'une doctrine puisse être admise par l'universalité des humains, il faut donc qu'elle soit basée sur la justice comme principe obligatoire, qu'elle fixe tous les devoirs, qu'elle loue toutes les vertus, mais en dehors des lois et de la justice, auxquelles tout le monde doit obéir et se soumettre ; qu'elle laisse l'observation de ces devoirs et de ces vertus aux possibilité de chaque nature, et au libre arbitre de la conscience de chacun.

Nous avons reconnu ceux qui étaient les plus aptes à juger de la raison, les plus capables de la fixer en doctrine, et les principes sur lesquels devait reposer cette doctrine. Il nous reste à trouver le moyen d'enseigner cette doctrine et d'y apporter toujours plus de perfection.

Si cette doctrine était fixée, beaucoup de parents pourraient s'en servir pour donner l'éducation à leurs enfants, mais tous les parents ne seraient pas encore capables de bien donner cette éducation Certains en seraient empêchés par leur nature et d'autres par leurs occupations. Comme il est indispensable qu'elle soit bien donnée à chacun, il faut créer des éducateurs pour la donner ; et même pour qu'elle soit bien donnée, il faut spécialiser des éducateurs pour chaque éducation.

Chacun comprendra facilement que si un éducateur se consacrait exclusivement à l'éducation des enfants, il connaîtrait mieux leurs besoins et leur enseignerait mieux leurs d voirs, que s'il était encore chargé d'autres travaux et d'autres éducations. Et il en est de même pour l'éducation paternelle, pour l'éducation civique, pour toutes les éducations.

Nous n'entrerons pas dans le détail des choses qui doivent être enseignées. Nous dirons seulement que dans tous les enseignements, on doit moins tenir compte de ce qui se fait, que de ce qui doit se faire. Que l'éducateur doit avoir la liberté d'enseigner ce qu'il croit bien et vrai, en se tenant dans la limite des lois morales et des lois sociales établies ; qu'il ne doit jamais blesser ni attaquer personne. Que tout enseignment doit laisser à l'individu autant de liberté qu'il lui est nécessaire pour se conduire d'après sa nature et ses aspirations, lesquelles ne doivent avoir pour limites que la nature et les aspirations d'autrui. Que néanmoins, cet enseignement doit être assez précis, serrer la raison d'assez près pour que nul ne puisse manquer à ses devoirs sans s'apercevoir qu'il fait mal.

DE L'ENTENTE ENTRE LES DIVERS MEMBRES DE LA SOCIÉTÉ

Nous avons d'abord songé à nous arrêter là, et à laisser aux éducateurs, au temps et à chacun, le soin de découvrir plus de raison, et des moyens meilleurs pour en faire l'application. Mais les temps sont si troublés, les relations entre les divers membres de la société sont si mal établies, chacun comprend si mal ses devoirs et ses intérêts, les allie si mal avec les devoirs et les intérêts d'autrui... Tout ce désordre est cause de tant de misères, que nous croyons qu'il est non seulement nécessaire, mais indispensable et urgent de mettre un peu d'ordre dans ce désordre, et que la société doit agir autrement qu'avant la guerre si elle veut éviter de nouvelles calamités.

Nous essayerons donc, non de débrouiller tout le chaos des aspirations humaines, mais d'y jeter un peu de clarté.

Nous constaterons d'abord les diversités qui existent entre les différentes natures ; nous verrons l'influence que ces diversités exercent sur l'ensemble. Nous étudierons les problèmes qui divisent les hommes et nous chercherons le moyen de les résoudre. Nous serons ainsi amenés à constater qu'en réalité la société est composée de deux parties adverses ; une qui veut l'ordre pour jouir en paix du fruit de son labeur, et l'autre qui veut le désordre pour ne rien faire et obliger les autres à travailler pour elle.

Les membres de la partie qui veut l'ordre doivent donc s'unir et s'organiser pour se préserver des atteintes de ceux qui veulent troubler leur existence et vivre à leurs dépens.

DE LA DIVERSITÉ DES NATURES

Avant d'étudier cette organisation, il est nécessaire de connaître les diversités qui existent entre les différents membres de la société.

Nul ne ressemble absolument qu'à lui-même, et encore, suivant le lieu et le moment, chacun ne se ressemble même pas toujours. Il découle de cette différence d'être, que chacun pense et agit d'une façon particulière. Mais cette diversité, au lieu de nuire à l'ensemble de la société, est ce qui en fait l'harmonie. Il ne faut donc pas essayer l'uniformisation des natures ; mais il faut discipliner les efforts pour qu'ils ne se nuisent jamais, pour qu'ils s'unissent, au contraire, afin de produire le maximum d'effet utile ou agréable.

L'artiste ne pense pas comme le financier, même le jardinier, comme le maçon et le boucher. Leurs différentes manières de penser n'ont que bien peu d'influence sur leur manière d'agir dans la société ; elles leur servent surtout à mieux exercer leurs professions, ce qui est plutôt un avantage. Il n'y a donc pas lieu de tenir compte de ces diversités au point de vue social.

Mais il y a des manières de penser et d'agir, qui donnent naissance à des abus et qui ont besoin d'être corrigées.

Le riche ne pense pas et n'agit pas comme le pauvre ; mais si le pauvre devient riche, il pense et agit comme pensait et agissait le riche, même il est souvent moins généreux.

Celui qui commande ne pense pas et n'agit pas comme celui qui obéit ; mais si celui qui obéit obtient quelque autorité, il en abuse généralement plus qu'il n'en a souffert.

Il y a donc une tare dans la manière de jouir de la richesse et dans celle d'exercer l'autorité. Changer les personnes qui exercent ces abus n'avance à rien, c'est le mal qu'il faut supprimer. Nous essayerons d'en trouver les moyens, et nous commencerons par la richesse.

DE LA RICHESSE

La richesse existe, donc il faut en tenir compte et non se berner d'utopies, mais il est nécessaire d'en atténuer les abus.

Nous ne saurions beaucoup la louer, néanmoins, elle n'est pas toujours nuisible, elle est même souvent utile. Et nous considérons que la propriété, source de la richesse, est légitime, nécessaire et même indispensable.

Il était légitime que le premier homme qui a gratté la terre et semé la graine fût seul propriétaire de la récolte, qu'il fût l'unique propriétaire de l'outil qu'il avait fabriqué pour remuer la terre. Il était légitime qu'il transmette à ses descendants le sol qu'il s'était donné la peine de défricher et de planter ; que ses descendants se le transmettent de génération en génération. Et encore, aujourd'hui, il est légitime que celui qui crée et produit quelque chose soit le propriétaire de cette chose.

Pour juger de l'utilité de la propriété, il suffit de constater ce que deviennent les choses qui n'appartiennent à personne et même celles qui appartiennent en commun à des collectivités. On est obligé de reconnaître qu'il y a avantage à ce que la propriété existe, qu'elle soit personnelle ou collective. Que pour créer et entretenir la chose créée, il faut que celui qui crée et entretient la chose soit certain de pouvoir en jouir, d'en être le propriétaire.

Mais si la propriété est légitime, le pouvoir de posséder doit être limité ; sinon il pourrait y avoir accaparement. Ceux qui ne possèdent pas encore seraient privés de ce pouvoir et c'est une faculté qui doit être permise à ceux qui désirent en jouir, et qui veulent se donner la peine de travailler pour l'obtenir.

Le moyen de concilier ces deux pouvoirs est facile à trouver, et aussi facile à réaliser.

Pour rétribuer les services de l'État, le Gouvernement doit se créer des ressources, prélever des impôts. Il suffit d'imposer progressivement la propriété, de manière qu'arrivée à une certaine limite il n'y ait plus intérêt à posséder davantage, et même qu'ayant dépassé cette limite, elle paye plus d'impôts qu'elle ne rapporte de bénéfices. C'est un moyen équitable et qui atteint un double effet. Il procure des ressources à l'État, et il fait rendre des biens disponibles pour ceux qui veulent en acquérir.

Ce n'est certainement pas un remède radical ; néanmoins, c'est le moyen d'atténuer bien des abus de la richesse, de soulager un peu les misères du paupérisme, et même de permettre d'en sortir plus facilement à ceux qui veulent s'en donner la peine.

DE L'AUTORITÉ

Lorsque les efforts de plusieurs individus doivent converger vers un même but, il est nécessaire qu'il y ait une volonté ou une autorité qui dirige ces efforts.

La tête qui dirige et le membre qui exécute, sont aussi nécessaires l'un que l'autre. Ce n'est pas une association de maîtres et de valets, unis par la contrainte. C'est un tout, mû par un même sentiment : Réussir à obtenir le maximum d'effet utile avec le minimum d'efforts.

L'autorité légitime consiste à coordonner, organiser, discipliner les efforts, pour les diriger vers le but à atteindre ou le résultat à obtenir. [PENSÉE.]

Tout acte qui ne tend pas à une de ces fins est du despotisme ou de la tyrannie et constitue un abus.

Aucun abus d'autorité ne doit être supporté. Toutefois, lorsqu'il n'est pas bien caractérisé, lorsqu'il y a doute, on doit en souffrir plutôt que de tomber dans l'anarchie. Car on ne doit jamais, et sous aucun prétexte, se soustraire à la discipline, à laquelle on est tenu de se soumettre.

L'obéissance est suggestive ou raisonnée. Lorsqu'elle doit être suggestive, comme dans une manœuvre, il n'y a qu'à exécuter ponctuellement les ordres reçus. Lorsqu'elle doit être raisonnée, au contraire, il faut

PENSÉE. — La manière d'exercer l'autorité, de commander, est une éducation qui devrait être enseignée. Bien peu la possèdent.

La meilleure manière de commander consiste à savoir exactement ce que l'on doit faire, le faire, et exiger que chacun en fasse autant.

se bien pénétrer de l'esprit de l'autorité, pour bien exécuter les ordres, dans l'esprit où ils ont été conçus,

Ce n'est pas se diminuer que d'obéir. Au contraire. c'est un devoir de se prêter à la discipline nécessaire ; et il est plus honorable de s'y soumettre que de s'y soustraire.

Ce qui est vil, c'est de se soumettre au despotisme ; ce qui est méprisable, c'est de s'abaisser à des servitudes dégradantes.

On ne peut, légalement, empêcher tous les abus d'autorité. La justice peut sévir contre certains ; mais le législateur ne peut les prévoir, ni les prévenir tous.

Les remèdes contre les abus d'autorité sont plutôt individuels, d'autant plus que nombreux sont ceux qui se prêtent plus à ces abus qu'ils n'y sont obligés ; et que la plupart de ceux qui en souffrent ne doivent s'en prendre qu'à eux-mêmes.

Le meilleur moyen pour chacun d'éviter ces abus et de remplir ses devoirs, est d'agir ainsi : Se prêter à la discipline de l'autorité, autant et aussi souvent que cela est nécessaire ; mais ne se prêter jamais aux caprices de la puissance, ni supporter la tyrannie du despotisme.

Les passions, qui excitent les humains les uns contre les autres, sont nombreuses ; toutes peuvent être calmées par la raison. Les problèmes qui divisent l'humanité découlent plus ou m..ins de l'avoir : puissance, richesse, autorité. Tous peuvent être facilement résolus, en se basant sur l'équité, la logique et la raison. Nous ne nous attarderons pas à les étudier séparément. Nous croyons qu'il est plus utile de chercher les moyens que la société doit employer pour s'organiser, et les idées qui doivent la guider, pour que cette organisation soit profitable à tous.

ORGANISATION
DES RAPPORTS SOCIAUX

Les membres de la société ayant des besoins communs, sont obligés de s'unir et de se consulter pour trouver les moyens les plus pratiques pour satisfaire tous ces besoins.

Il est nécessaire que dans chaque agglomération, il y ait une maison commune, où tous les habitants puissent se réunir pour discuter leurs intérêts, pour s'instruire et même pour se distraire. [Pensée.]

Afin que l'ordre règne dans ces réunions, que la raison y préside, il faut que les gens sensés et honnêtes, secouant leur inertie, en prennent la direction.

Nous avons constaté que la société était partagée en deux camps adverses. Un, qui veut l'ordre et l'honnêteté, et l'autre qui voudrait le désordre pour exercer sa malhonnêteté.

Les gens honnêtes comprennent la grosse majorité de la société, et, cependant, ils se laissent généralement conduire et exploiter par la minorité infime des gens malhonnêtes.

Les gens honnêtes se trouvent en nombre sensiblement égal dans tous les états de la société ; et dans tous, le nombre en serait plus élevé, s'il y avait plus d'avantages à être honnête.

Pensée. — Quelque puissants qu'ils soient, les différents partis, coteries et petites chapelles, ne représentent que des intérêts particuliers. Tous les intérêts particuliers doivent s'incliner devant l'intérêt général. Il faut donc commencer par permettre à cet intérêt de pouvoir se manifester ; actuellement il ne le peut pas.

Nous croyons que c'est l'honnêteté qui doit dominer, non parce qu'elle est pratiquée par le plus grand nombre, mais parce que se basant sur la justice, elle procure plus de bonheur à l'ensemble de la société.

Pour que ce soit l'honnêteté qui triomphe dans ces réunions, il n'est pas nécessaire d'en chasser les sophistes et autres défaiseurs d'âmes, mais il faut les empêcher d'y exposer leurs théories subversives et haineuses. Le progrès n'est pas de détruire, mais de créer bien. Et, tout en laissant à chacun la liberté de penser, en incitant même chacun à penser librement, nous croyons que l'on ne doit accepter et répandre que les théories qui promettent du bonheur. Et, pour les reconnaître, que l'on peut se baser sur ceci : Tout ce qui tend à créer et à utiliser quelque chose d'utile, promet du bonheur ; tout ce qui tend à détruire, à empêcher de créer quelque chose d'utile, ou de s'en servi, tend à supprimer du bonheur.

Nous ne verrons pas tout ce qui doit être organisé dans ces réunions, mais seulement l'esprit qui doit les dominer.

Toutes les choses doivent y être examinées avec un esprit large et conciliant. On doit y éviter ce qui sépare et y rechercher ce qui unit. [Pensée.]

Actuellement, on appelle politique ce qui n'est que querelles entre intrigants. La politique c'est l'administration de la chose publique.

Pensée. — Le but de ces réunions n'est pas de se substituer à l'autorité établie, mais, au contraire, de l'appuyer et de la fortifier. C'est le gouvernement qui doit gouverner, les administrations qui doivent administrer, les juges qui doivent juger. Le rôle de la société privée est d'organiser la vie privée de la société, et de désigner des représentants pour s'occuper de la chose publique. Mais ces représentants doivent avoir un mandat bien défini. La société ne doit pas donner à un maître le droit de disposer d'elle ; elle doit désigner un de ses membres pour la représenter fidèlement.

Il est facile de reconnaître que les partis représe[n]
tent moins des idées que des associations pour explo[i]
ter des bénéfices, satisfaire des ambitions, et mêm[e]
quelquefois pour des buts moins avouables.

On a toujours gouverné les hommes par la passio[n]
et avec leurs passions. Nous croyons que l'on doit go[u]
verner les hommes par la raison et avec leur raiso[n.]
Et, bien qu'en disent les politiciens, la raison ne [se]
trouve pas dans les diverses coteries et petites ch[a]
pelles qui se disputent le pouvoir, mais bien dans l'e[n]
semble des honnêtes gens, de tous les honnêtes ge[ns.]

Dans les différentes religions, il ne faut voir que d[es]
systèmes part culiers pour rechercher le bonheur [et]
donner l'éducation. Au lieu de séparer, elles devraie[nt]
plutôt unir. Elles ont toutes un fond commun : [la]
religion que chacun porte dans son cœur, et qui e[st]
basée sur la bonté, l'équité et la générosité. [Pensée 1[.]

Dans ces réunions, on doit discuter tous les int[é]
rêts et tous les devoirs, mais sans âpreté ni pa[rti]
pris. Chacun doit se méfier de ses passions et n'av[oir]
en vue que l'obtention de plus de justice, de plus [de]
raison, de plus de bonheur pour tous. [Pensée 2.]

Il faut faire comprendre aux riches que toute l[a]

Pensée 1. — Dans les religions, il ne faut pas confond[re]
la morale qui en est la base avec le sacerdoce qui les dirige.

Dans toutes les religions, la morale, ou une partie de la m[o]
rale, qu'elles enseignent est basée sur des principes sublimes.

Dans le sacerdoce, à côté des ministres qui l'exercent · p[ar]
vocation et y déploient un dévouement admirable, il y a [des]
professionnels qui vivent et se servent plus des religions qu'[ils]
ne les enseignent.

Pensée 2. — Ce n'est pas à la société de faire le bonheur [de]
l'individu ; c'est à chacun qu'il appartient d'assurer son bonhe[ur.]
La société doit seulement veiller à ne pas en ôter les moyen[s à]
personne. Mais ce qui est du devoir de la société, ce qu'elle d[oit]
rechercher et obtenir, c'est le bonheur de l'ensemble des in[di]
vidus, le bonheur de toute l'humanité.

fortune ne leur est pas nécessaire pour satisfaire leurs besoins ; qu'un peu de leur superflu calmerait bien des souffrances, soulagerait bien des misères.

Aux ouvriers, qu'ils doivent soutenir les intérêts de ceux qui les emploient, parce que ces intérêts sont également lès leurs.

Aux patrons, qu'ils doivent l'appui moral et matériel à leurs ouvriers. Que ces ouvriers, concourant à la réalisation de leurs bénéfices, ils doivent en laisser une part, sinon à tous, au moins aux plus méritants et aux plus intéressants.

On obtiendra un résultat plus profitable pour tous, en faisant appel à l'équité, qu'en se leurrant de vaines utopies, qui ne servent qu'à berner ceux qui les écoutent.

Les femmes ne doivent pas être écartées de ces réunions ; leur jugement tient souvent de leur faiblesse, mais leur esprit est plus subtil, et leur cœur plus généreux que celui des hommes. Du reste, il est équitable qu'elles participent à l'organisation des choses qui les intéressent.

Ces assemblées communiquant entre elles, de village à village, de ville à ville, de nation à nation, formeraient les assises de la raison. [PENSÉE.]

Il est inutile d'entrer dans l'énumération de tout ce qui doit être organisé ; organisation qui varie suivant

PENSÉE. — Pour faire œuvre utile, il ne faut pas se leurrer d'utopie, mais ne voir que la réalité et ne lui demander que ce qu'elle peut donner.

Ce serait une erreur de croire à la possibilité de l'accord parfait et de la vertu générale.

Pour s'en convaincre, il suffit de voir comment agissent les différents membres de la société.

Tantôt, les uns, comme des animaux, n'écoutent que leurs passions, et se conduisent comme des brutes.

D'autres, comme des machines, obéissent à celui qui les dirige.

les temps et suivant les lieux, puisqu'il s'agit d'organiser toute la vie privée de la société. Cependant, il y a une organisation qui est de tous les temps et de tous les lieux et qu'il est urgent d'entreprendre. C'est celle de l'assistance privée, l'association pour le bien en général.

Il y a toujours eu des infortunes à soulager ; néanmoins, la guerre en a augmenté le nombre, et elle en laissera plus qu'elle n'en a trouvées.

Les dévouements ne manquent pas, mais leurs efforts ont besoin d'être plus disciplinés et mieux soutenus pécuniairement.

On a trop souvent abusé de la générosité publique. Les fonds qui en provenaient n'ont pas toujours été employés bien judicieusement. C'est un prétexte aux égoïstes pour refuser toute offrande.

Enfin, certains, consultent leur raison pour se conduire ainsi qu'ils doivent le faire.

Mais nul ne se conduit toujours comme une brute, ni comme une machine ; et aucun n'est toujours raisonnable.

L'homme vertueux et conscient, pense, parle, écrit d'après sa raison, mais pour agir, il ne résiste pas toujours à ses passions.

Il faut tenir compte aussi, mais dans un autre ordre, que ceux qui sont le plus enclins à vouloir tout réformer, sont ceux qui ne savent pas se servir de ce qui existe, et qu'ils sont encore bien plus incapables de créer ce qui manque. Que ceux qui sont le plus facilement disposés à vouloir conduire les autres, sont souvent ceux qui ne savent pas se conduire eux-mêmes. Enfin, que lorsqu'il y a lieu de s'élever contre le mal, ce sont généralement les plus coupables qui crient le plus fort.

Le règne de la raison pure n'est pas encore possible. Il ne faut pas essayer de l'établir, mais seulement de s'en rapprocher le plus possible.

ORGANISATION
DE L'ASSISTANCE PRIVÉE

Pour que toutes les infortunes soient découvertes et soulagées suivant les besoins qu'elles en ont, pour que cette institution puisse donner une entière confiance, il faut que toutes les œuvres qui s'en occupent soient réunies en une seule direction, et forment autant de sections qu'il y a de misères différentes à soulager.

Il faut que les recettes soient centralisées, que les dépenses soient contrôlables et contrôlées, afin que chacun soit certain que son obole servira bien à soulager des infortunes ; et que l'égoïste n'ait plus d'autres prétextes que son égoïsme pour refuser la sienne.

CONCLUSION

Il serait nécessaire de faire une étude plus détaillée, de toutes les manifestations de la vie, et nous y reviendrons lorsque le temps nous le permettra et que le moment sera plus opportun. Mais chacun peut le faire, et chacun doit le faire, au moins en ce qui le concerne pour diriger son existence et cesser de se conduire comme un animal que l'on a dressé, ainsi que le font la plupart des humains. Combien vivent comme on leur a appris, répètent comme des perroquets ce qu'ils entendent, imitent comme des singes ce qu'ils voient faire, sans se demander jamais si ce qu'on leur dit est vrai, si ce qu'ils font est bien, sans réfléchir s'ils ont raison d'agir ainsi, s'ils ne devraient pas se conduire autrement, s'il ne serait pas possible de faire mieux.

C'est pour permettre à chacun de remédier plus facilement à ces errements, que nous avons adopté une méthode nouvelle pour exposer nos idées.

Nous avons la certitude d'être dans le vrai, lorsque nous affirmons que toutes les actions, individuelles ou collectives, doivent être basées sur la vérité et sur l'équité. Mais dans la recherche de cette vérité, et dans celle des multiples applications de l'équité nous pouvons nous tromper. [Pensée 1.]

Aussi, au lieu de dire : ceci est vrai, cela est bien, nous disons seulement : nous croyons que cela est bien,

---

Pensée 1. — Nul n'est certain d'avoir toujours raison.

L'homme le mieux doué, le plus instruit et le plus intelligent, trouvera à apprendre de l'être le plus inculte, et même du plus vulgaire crétin.

que ceci est vrai. Mais, voyez si nous ne nous trompons pas ! s'il n'y a pas moyen de faire mieux.

Nous ne croyons pas possible qu'il y ait un homme digne de ce nom, [Pensée 1.] qui ne comprenne pas que pour mettre un terme à ses misères, et à celles de ses semblables, il faut que chacun mette un frein à ses passions, et s'élève au-dessus des contingences mesquines de la richesse, de la politique et de la religion.

Peut-être que les malheurs qui accablent, actuellement, l'humanité secoueront la torpeur des uns et la stupidité des autres. Les longs siècles de misères que l'homme a supportés permettent d'en douter. C'est pourquoi nous croyons qu'il est nécessaire que chacun, dans sa sphère et suivant ses moyens, réagisse contre tout ce qui est cause des misères de l'homme.

C'est ce que nous avons fait et nous y avons mis toute notre âme. Cependant, nous ne pouvons présenter qu'un travail imparfait. Nous n'avons pas le génie qui découvre la raison, ni la science qui décèle la vérité, ni même le verbe assez riche pour bien exprimer toute notre pensée. Nous avons seulement rempli notre devoir, autant qu'il nous était possible de le faire. Nous souhaitons que beaucoup aient le courage et la volonté d'en faire autant, non seulement parce que cela est nécessaire pour faire régner la paix et apporter plus de bonheur ; mais surtout parce que cela est indispensable pour éviter de nouvelles calamités.

Pour terminer, nous livrons cette pensée profonde, à la méditation de toutes les personnes sensées.

Pensée 1. — L'être humain, digne du nom d'homme, est celui :

Qui est capable de se suffire à lui-même ;

Qui trouve en lui toutes les ressources et toutes les lumières dont il a besoin ;

Qui est capable de ressentir toutes les passions et de les dominer toutes.

Toutes les personnes honnêtes, qu'elles soient théistes ou athées, vénèrent et honorent la même souveraine Divinité. C'est la suprême puissance, la suprême justice, la suprême vérité. Il n'y a que sur la forme à lui donner qu'ils ne sont plus d'accord. Qu'ils s'en tiennent donc à l'Idéal, puisque aussi bien la figure leur en est insaisissable à tous. Nul être humain ne peut prétendre à ce degré de perfection, mais c'est un devoir pour chacun de s'en rapprocher le plus possible.

C'est le seul mobile qui permette à l'homme de s'élever au-dessus de ses misères. C'est la seule religion capable de fonder l'unité du genre humain et de lui permettre de prendre conscience de lui-même.

Un Homme.

TABLE